Mes murmures font le mur

Mes murmures font le mur

Anne-Cé Lebert

Anne-Cé Lebert

Mes murmures font le mur

Les murmures numérotés apparaissent, au sein de leurs textes originels,
dans le recueil *A l'encre de mon cœur*.

Les pages blanches sont des espaces libres et privilégiés,
des invitations, quelques secondes aussi courtes que longues,
à des respirations, pour peut-être laisser surgir et accueillir
des souvenirs, des sensations, en conscience.

En application de la loi du 11 mars 1957, il est interdit
de reproduire, traduire ou adapter intégralement ou partiellement
le présent ouvrage, sur quelque support que ce soit,
sans l'autorisation de l'auteur ou de ses ayants droit.

© 2023 Anne-Cécile Lebert
Illustrations, couverture, design Anne-Cécile Lebert

Édition : BoD · Books on Demand,
31 avenue Saint-Rémy, 57600 Forbach, bod@bod.fr

ISBN : 978-2-3225-4188-1
Dépôt légal : Mai 2025

Grâce à toi,
Pour toi
et
Avec toi,

jusqu'à notre dernier souffle.

Anne-Cé Lebert

Parfois, il fait bon,
prendre le temps,
de ne dire que notre
essentiel.

Comme l'on cueille, broie et presse
l'olive pour en extraire son nectar doré,
gorgé de soleil et d'éternité.

De mes textes de poésie,
j'ai recueilli, disséqué,
épuré mes ressentis
pour vous proposer,
en mots choisis,
quelques pensées chuchotées,
aussi intimes qu'
universelles.

Anne-Cé Lebert

Mes murmures font le mur

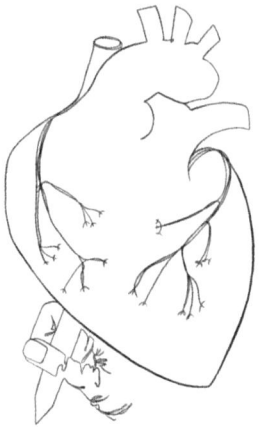

J'écris à l'encre de mon cœur.

n°1

J'ai franchi cette porte.

L'Origine.

Propulsée sur la route,
je n'ai pas tout de suite compris
l'idée de ce voyage-là.
Celui que l'on a en partage.

Chaque jour, la vie.

n°2

L'eau de là-haut.
Pluie
dans le pli de mes yeux.

Larme qui parcourt ma joue.
Suis en vie.

J'écris mes pleurs.

performatif

affirmatif

J'écris.

J'existe

à vos yeux

enfin.

n°3

Dans ma bouche,
8 centimètres carrés
à mâcher. A faire des bulles.

Bulles poussées à l'expire,
comme un cri de liberté.

Un cri
étouffé.

Anne-Cé Lebert

Empreintes de fibres, de fils

tissés, étirés,

                                        défaits

comme autant de rides sur la peau,

                          avec le temps,

                            devenue

                              fatiguée,
                                fragile.

Sans toi,

Le monde serait ruines,
Mon cœur à pleurer hurler déverser de désespoir
Ma chair de douleurs comme au jour de la délivrance.
Mon âme serait désolation
Blanche, en deuil,

Sans toi.

La douleur
tout comme la peur
de mourir
sont les preuves
que je suis
en vie.

La solitude me réconforte,
m'enveloppe de ses silences,
de ses secrets, de ses trésors.

Je m'imprègne de ses leçons.
Solitude... mon refuge.

Je suis la musicienne de mon cœur. Il me dicte ses mélodies, ses mots, émotions, maux, sentiments sans mentir sans fausses notes - aucune -

Ces notes de désespoir
sont lourdes

si noires.

Echanger la brise,

                                                        un baiser

les embruns,

une gifle.

Fibre déchirée.

Faire l'expérience

                                  de l'existence...

n°4

Laisser les cils
se retrouver,
s'unir…

Revivre l'instant,
S'offrir l'émotion.

l'unisson.

Les larmes sont l'aveu

matériel

de nos chagrins secrets.

Sous vos yeux,

entendez-vous les cris

murmurés ?

Sois gentille,
là…
Tiens…
Pose-toi, là.

Chut !
Fais pas de bruit.

Voilà…
Souris.

Ne bouge plus.
Reste comme ça.
Voilà…

C'est parfait !

Mes murmures font le mur

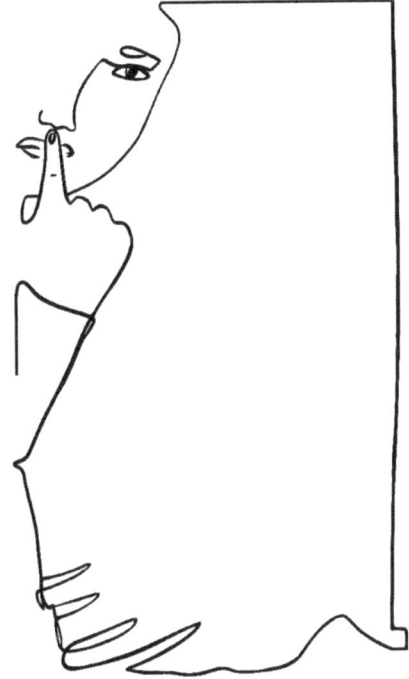

La mer m'attire autant que la mienne me repousse.

Depuis, je suis en errance,

en manque,

en chagrins.

Je m'ennuie

à mourir…

Je croyais que la vie était juste, telle que
je la vivais, la dansais ET pour moi, c'était vrai.

                                                                  Mais pas pour eux.

Je vivais l'instant tout le temps.

                                          Eux, vivaient faux.
                                              Ils riaient faux.
                                           Chantaient faux.
                                           Ils jouaient faux
                                   sur leurs fausses notes.

                                  Ils étaient **juste faux**.

n°5

Le **manque** éprouvé, crée le besoin *vital*
de combler, de créer, d'inventer

une autre façon de vivre, de grandir et d'aimer.

                                                  Le vide permet le plein,
                                                  le rien, l'absolu, le tout.

Je me méfie de toi.
Tu me gênes, me déranges.

Je te chasse bien volontiers,
dès que je le peux,
pour n'écouter que mon cœur.

Et au passage, je t'écrase comme un

mégot !

n°6

La maladie est un révélateur
de ce que nous sommes,

                                        de ce qu'ils sont.

Certains restent,

                                      D'autres s'en vont.

Un air de liberté
a si fort soufflé
que notre flamme
n'a pas résisté.

Désormais,
de nouveau dans l'obscurité,
aurons-nous l'âme
de la ranimer ?

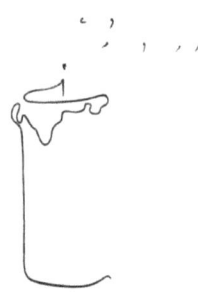

n°7

« Arrête de sourire

comme une imbécile »

me dit ma Grand-Mère.

Et un jour,
personne ne vous attend.

Mes murmures font le mur

Trou noir…
Je m'y perds, m'y noie.
Me vois si petite.
Aucun écho.
Il fait froid…
Humidité de mes
larmes.

L'enfant que je suis,
demeure
inconsolable.

Sa poitrine m'a toujours repoussée.

Elle ne m'a jamais nourrie.

Je n'ai pas assez de temps pour me permettre de le perdre.

Je ne m'accroche

à rien d'autre qu'à la vie
et ses promesses.
Promesses en lesquelles j'ai la faiblesse
et le bonheur de croire.

Promesses que je respecte et sers…

n°8

A dire oui, on dit non au reste.
Dire oui à la vie, c'est choisir de ne pas en finir !

Pas tout de suite !

Ne pas choisir la mort,
Mais la vie et l'amour aussi.

Avoir le courage d'y croire,
La créer, la rendre possible et la vivre.

Si j'ai encore la force de pleurer,
c'est de joie, c'est par bonheur.

Si j'ai encore le courage de pleurer,
c'est parce que, parfois, j'ai peur

de mourir.

Il est encore si tôt.

trop tôt

Je m'ennuie.

Petite fille que l'on veut sage.
Je suis, la plupart du temps,
docile et obéissante.

Je me sens **étrangère** à ce monde
où je dois me taire
et ne pas déplaire.

Je me souviens à peine.

Il me reste trop peu d'images.
Tes yeux rieurs.
Tes mains veinées, ridées,
douces comme l'amour que tu y mettais
lorsque tu m'enlaçais.

Ton odeur s'est évaporée.

Je me souviens à peine…

Mes murmures font le mur

Je crie sur les lignes de mes cahiers.

n°9

Et comme si cela n'avait pas suffit,
un jour, il me l'a fait, aussi.

n°10

Mon corps pleure de son sang.

Mon épiderme
n'est que
successions d'écailles.

En me sauvant de cette famille,
j'ai sauvé la mienne.

Mon amour,

déposé
aux objets

perdus.

n°9

Ma poupée l'a été.

Ce qu'il lui a fait,
il me l'a fait aussi.

C'était pareil.

C'était comme si.

Si tu veux être entendu-e,

écris.

J'ai retrouvé ma liberté, ma dignité, ma souveraineté, aux objets trouvés.
Elles m'attendaient depuis tant d'années…
Je suis désormais réunifiée, réconciliée, entière
enfin !

Bouquet de fleurs
Fleurs du Mal
Maladie
Dis-moi tout
Toujours
Jour-née
Né-faste
Astre
Trépasse
Passe un tour
Tour de manège
Neige qui fond
Fond de verre
Verre d'eau
Eaux vives
Vive la Vie !

La porte est restée entrebâillée.
Un trait de lumière laisse s'échapper
le froissement de sa jupe.
Elle s'approche.
Je l'entends.

pas un mot

La porte se ferme.

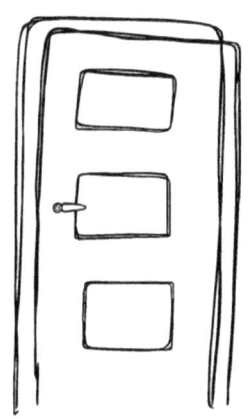

Il fait grand noir
dans ma chambre
d'enfant.
Je me sens
terriblement
seule.

Et moi, je dis que nous le sommes tous,

écrivains.

Tous, écrivains de notre chemin.

n°11

Veux-tu m'épouser ?

Je m'esclaffe ! Tourne les talons.
N'ose pas me retourner.
Fais mine d'avoir le pas léger.
Mon cœur est lourd. Déjà,
il pleure.

n°12

Une fois le dos tourné, ils dévoilent leur
visage le plus laid – le vrai -

Leurs médisances peuvent être si bruyantes,
si malfaisantes, si mal-puissantes !

Ma seule réponse restera le silence.

Je ne mens plus.

Je ne joue plus.

Je danse.

Seule

Quand je veux.
Comme je veux.

Si je veux !

Le jour se lève.

       la chaleur du soleil sur ma peau

Je suis vivante.

n°13

liberté de vivre, de mourir,
de se couper du monde,
de se couper les veines,
de répondre avec amour,
de répandre la haine.

Liberté de rire, de pleurer,
de consentir, de mentir,

et même pire…

Tristesse profonde,
imprimée dans mon corps.

Berceau évidé, cicatrisé,
blessé de ne pas vous avoir portés.

Depuis, je vous porte
dans mon cœur,

en secret.

Mon corps est fatigué,
a besoin de repos,
ne dort pas pour autant. Il ne peut pas.
Pas encore. Il veille, surveille.
Il me fait me sentir déjà si vieille.

Comme un rappel.
Le temps passe.
Inlassablement,
mon corps poursuit le combat

n°14

Nous avons la liberté, chaque jour, d'accepter
de vivre.

Chaque jour où nous ouvrons les yeux,
nous levons nos paupières sur ce monde
qu'il nous reste à faire,
à défendre, à créer
et réinventer.

Chaque jour, jusqu'au dernier.

n°15

A faire ton lit, le matin,
je te souhaite
une nouvelle nuit, prochaine,
faite de grandes batailles
et de rêves
aussi audacieux
qu'heureux.

A peine entrouverte, la porte laisse un filet
de lumière s'échapper du couloir, une lueur
un espoir.

Viendra-t-elle se pencher sur moi, m'embrasser
comme l'on embrasse son enfant en lui
souhaitant de beaux rêves ?

Mes murmures font le mur

Faire court.
Abolir les détours,
les demi-tours.
Aller droit au but,

droit à la vie.

Quoiqu'il m'arrive,
la vie sera toujours
trop

                                                courte.

Je suis ma propre génitrice.

J'accouche de moi-même,
de tout ce que je suis,

en devenir.

Je suis vivante.

Je respire.

Je peux me
rendormir.

Je voudrais marcher vers tes bras ouverts.

Fermer les yeux.

Et oublier…

Je suis devenue orpheline
bien avant l'heure

si tant est
que l'on puisse déterminer
la bonne heure pour le devenir.

Je suis désormais
la dernière témoin de ma naissance.

Et demain,
tout sera comme si je n'étais jamais née.

n°16

Je suis, nous sommes, cette aigle
dans le ciel.

Je m'aime !

Comme personne…

Mes murmures font le mur

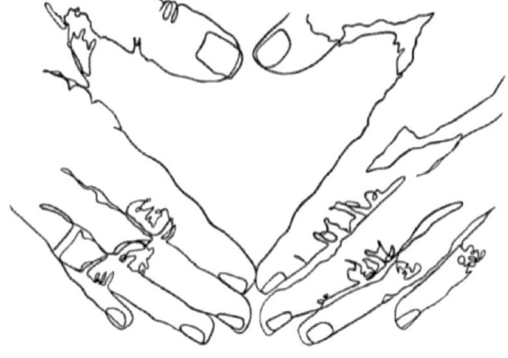

L'amour,
comme
on
ne
le
fait
plus.

Lorsque j'ouvre les bras pour y accueillir mon enfant,
j'accomplis et perpétue l'acte de reconnaissance
de ma propre histoire.

Et bien plus encore…

n°17

Il n'est plus.

Commence, alors, l'aventure
bouleversante de l'absence.
Irrémédiable. Comme palpable.

n°17

Nous n'appartenons à personne.

Si ce n'est à la Terre,

à laquelle chacun d'entre nous revient.
D'une manière ou d'une autre.
Un jour ou l'autre.

Il nous appartient de le comprendre,
l'apprendre
et l'accepter.

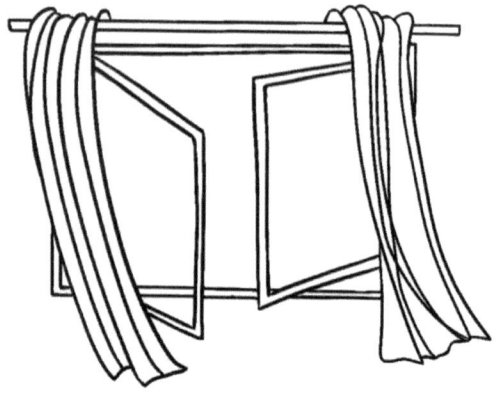

Dans mon sommeil,

l'inconnu s'est introduit,

a dérobé

et pris la fuite.

n°18

A l'ouverture des portes,
ils se ruèrent.
Curiosité déplacée.

Aller observer un mort.
Comme pour voir comment il est en *mode*

mort ?

n°19

Ma vie a chaviré.
Meurtri, mon corps s'est endormi.
Absenté.
Mon âme s'est échouée.

Rester vivante

près de mon enfant

le temps qu'elle apprenne,

qu'elle comprenne,

qu'il ne sera pas grave de me perdre.

Triste mais pas grave.

Tourner le dos à son enfant, c'est **renier** d'où l'on vient.

n°20

On ne sait pas quels seront nos derniers mots.

Alors,

autant bien les choisir,
soigner sa pensée, ses désirs
et trouver plaisir à les partager.
Ainsi, juste au cas où.

Au cas où, ils seraient les derniers.

Mes murmures font le mur

Murmures échappés du recueil
A l'encre de mon cœur

n°1 Voyage..10
n°2 Pluie..12
n°3 Gomme à mâcher...............................17
n°4 L'unisson...29
n°5 Le manque..38
n°6 La maladie..40
n°7 Imbécile..43
n°8 Oui !...51
n°9 Comme si....................................59, 67
n°10 Mon corps pleure...............................61
n°11 M'épouser ?.......................................74
n°12 Le silence...75
n°13 Libertés..79
n°14 Liberté..82
n°15 A faire ton lit......................................83
n°16 Cette aigle..93
n°17 Il n'est plus...................................98, 99
n°18 A l'ouverture des portes..................101
n°19 Gratitude..102
n°20 Nos derniers mots............................106

De l'autrice

A l'encre de mon cœur

Dépôt légal 1re publication : octobre 2023
Dépôt légal nouvelle publication : mai 2025

Impression : Libri Plureos GmbH,
Friedensallee 273, 22763 Hamburg (Allemagne)

annecelebert@gmail.com

Anne-Cé Lebert